Schlagfertigkeit

-

Meistern Sie die Kunst der Rhetorik und lernen Sie wortgewandt zu kontern

I0447538

Inhaltsverzeichnis:

Einleitung

Einleitung

Als erstes möchte ich mich bei Ihnen für den Erwerb dieses Buches bedanken! Sie setzen damit viel Vertrauen in mich und meine Arbeit. Das weiß ich sehr zu schätzen und wünsche Ihnen viel Spaß beim Lesen dieses Buches. Ich hoffe ich kann Ihnen mit den hier enthaltenen Informationen wirklich helfen! Fangen wir an:

Die Sprache, die uns Menschen gegeben wurde, ist nicht nur ein sehr gutes Verständigungsmittel, sondern auch eine Alternative zur körperlichen Gewalt. Niveauvolles Duellieren fand schon in der Antike unter den Gelehrten statt und forderte nur selten äußerliche Verletzungen. Schon damals war bekannt, das Worte und Argumente mehr Spuren hinterlassen können als jede andere Verletzung. Auch das Nachwirken der Worte im Geiste ist heute noch ein beliebtes Mittel zur Verteidigung. Auch wenn es unglaublich klingt, diese Verteidigung kann man lernen. Wie ein Kampfsport erlernt und trainiert werden kann, so ist auch das Jonglieren mit Worten und das Üben der Reaktion auf bestimmte Situationen kein Hexenwerk.

Im Folgenden wird Ihnen immer wieder dargelegt, wie einfach auch Sie diese Methoden erlernen können und wie schnell Sie sich gegen Kommentare und persönliche Anfeindungen wehren können, ohne dabei den Mut zu verlieren.

1. Kapitel: Vorteile der Rhetorik im allgemeinen Sprachgebrauch

Ein gewählter Ausdruck ist in vielen Gesellschaftsschichten noch heute ein Zeichen von hoher sozialer und geistiger Intelligenz. Mit Besonnenheit und dem nötigen Bildungsstand werden Sie nicht in die Sparte der impulsiven und gewaltsam handelnden Menschen gesteckt werden. Verbale Intelligenz und die richtige Anwendung der rhetorischen Mittel verschafft Ihnen ein hohes Maß an Anerkennung. Nicht selten erscheinen Sie dadurch in einem sehr selbstbewussten Licht und können jede nur erdenkliche Situation im Alltag problemlos meistern. Die richtige Reaktion und der passende Spruch in der richtigen Situation können jede Peinlichkeit und auch kleine Fehler, die Sie gemacht haben, spielend kompensieren. Niemand wird sich mehr an die Peinlichkeit erinnern und niemand wird Ihnen dann mehr sauer sein können. Mit etwas Selbstironie, Witz und dem nötigen Humor für die eigene Fehlbarkeit ist rhetorisch sehr viel zu retten. Weiterhin ist die Wirkung von Worten im Gegensatz zu der von Gewalt ein sehr starker Indikator, der zum Nachdenken angeregt. Ein Schlag ins Gesicht ist nicht so beeindruckend, wie ein richtiger Spruch im richtigen Moment. Worte werden mitunter zwar nicht sofort reflektiert, aber im Nachhinein wird immer wieder darüber nachgedacht. Wer bis dahin seine eigenen Fehler noch nicht erkannt hat, der wird sich nun einmal mehr Gedanken über das machen, was er am Tag so geschehen lässt und vielleicht auch etwas an seiner Einstellung ändern. Somit haben Sie auch die Möglichkeit Mobbing keine Chance zu geben. Denn genau hier greift diese Form der Schädigung an. Wenn sich jemand verbal nicht wehren kann und sich nicht zu anderen Schritten traut.

Ebenso ist es wichtig, dass rhetorische Künste immer wieder im heutigen alltäglichen Leben zum Einsatz kommen, um die eigene Stellung oder auch die Meinung behaupten zu können. Durchsetzungsfähigkeit und Respekt kommen nicht von ungefähr.

Jeder, dem diese Anerkennung zu teil wird, kann sich auch rhetorisch gut behaupten und wird ebenso schlagfertig sein. Denn auch wenn ein hoher Wortschatz und eine hohe Bildung viel Gewicht haben, so sind diese beiden wertlos ohne die nötige Schlagfertigkeit, die sich den Überraschungsmoment zu Nutze macht.

2. Kapitel: Schlagfertig sein ist ein Talent

Wer in jeder Situation seinen Mann oder seine Frau stehen kann und immer wieder die passenden Argumente findet, um sich oder auch seine Ansichten zu verteidigen, der genießt ein sehr hohes Ansehen und ist ein gefürchteter Gegner in jeder Diskussion. Allein die wahrscheinliche Aussichtslosigkeit der Auseinandersetzung kann viele Momente der Aufregung ersparen. Wer schlagfertig sein kann, der beweist seinem Gegenüber in jeder Situation, dass er sich wehren kann. Mit der nötigen Gegenwehr stellen Sie bereits am Anfang einer Auseinandersetzung klar, dass Sie sich nichts gefallen lassen. Sie werden Ihre Meinung immer sicher vertreten können und bedenkenlos zu sich selbst stehen. Allein das verunsichert sehr viele, die mit Anfeindungen einen anderen Konsens erwirken wollen.

Auch wenn die Situation noch so stressig erscheint, können Sie immer richtig reagieren, sicher argumentieren und damit auch Ihre Meinung immer vertreten? Das sichert Ihnen ein hohes Maß an Anerkennung und Respekt. Erwarten Sie allerdings nicht, dass Ihre Gesprächspartner Ihnen dies nach außen hinzeigen werden. Die Anerkennung wird Ihnen zu Teil werden. Allerdings werden Sie dies erst viel später merken. Wenn Sie bestimmten kritischen Situationen nicht mehr ausgesetzt sind, weil Sie sich bereits mehrmals behaupten konnten, dann haben Sie sich dies mehr als verdient, auch ohne, dass Ihnen gesagt wird, wie viel Respekt Sie sich damit verschaffen konnten.

Wichtig ist allerdings, dass Sie lernen sich zu entspannen und sich nie auf eine Situation versteifen. So werden Ihnen viele Konter gar nicht auffallen und die Aufregung, der sie sonst ausgesetzt waren, ist nun ein Kinderspiel für Sie. Lassen Sie die Situation auf sich zukommen und nehmen Sie sich und Ihre Gegenüber nie ernster als nötig. Selbstironie und ein bisschen Humor können Ihnen aus jeder Situation helfen.

3. Kapitel: Vorteile und Fehler im Umgang mit Schlagfertigkeit

Schlagfertig sein kann Ihnen den Tag retten und vielleicht auch den einen oder anderen Weg in eine bessere Zukunft ebnen. Wenn Sie es gelernt haben Ihre Fähigkeiten in der entsprechenden Situation auch richtig und dosiert einzusetzen, dann führt dies unweigerlich dazu, dass sich nicht nur Ihr Selbstbewusstsein stärkt, da Sie von den Erfolgen zehren können, sondern auch, dass Sie einen guten Eindruck hinterlassen, der Ihnen Respekt und Anerkennung verschafft. Je mehr Sie schlagfertig sein müssen, umso gefeiter werden Sie für kommende neue Situationen sein. Auch Ihrem allgemeinen Wohlbefinden kann dies sehr zuträglich sein.

Allerdings kann es Ihnen auch passieren, dass Sie etwas zu schlagfertig sind. Immerhin ist diese Methode der Argumentation die Einnahme der Angriffs- und der Verteidigungsposition. Wenn Sie in diesem Bereich noch sehr unerfahren sind, dann kann es Ihnen passieren, dass Ihre Argumente in Beleidigungen abdriften oder den Kern der Diskussion gänzlich verfehlen. Weiterhin kann es möglich sein, dass Ihr vermeintliches Selbstbewusstsein nicht mehr vertrauenerweckend wirkt, sondern eher noch eine Maskerade ist, die Sie krampfhaft mit Argumenten aufrechterhalten wollen. Besonders, wenn Sie sich die ersten Male durchsetzen möchten und einer Diskussion gewachsen sein wollen, dann ist die Gefahr sehr groß, dass Ihre Reaktionen überspitzt sind und Sie damit die Gewichtung der Situation oder gar die komplette Relation der Diskussion nicht mehr im Einklang ist. Damit laufen Sie auch Gefahr, dass Sie Hierarchien übergehen und Beleidigungen nicht nur ausgesprochen werden, sondern Ihnen auch weitreichenden Schaden zufügen können.

Daher ist es wichtig, dass jede Form des Argumentierens, auch das schlagfertig sein, gelernt sein will und besonders der rhetorische Aspekt sollte hier eine besondere Bedeutung finden.

Denn Schnelligkeit kann gelernt werden. Rhetorik ist eine Grundlage, die gebildet werden muss und die auch die nötige Bildung voraussetzt, die immer wieder erneuert und erhalten werden muss.

4. Kapitel: Sicher Argumentieren und Kontern

Jede Diskussion lebt von einem sehr guten Redefluss. Argumente müssen kritisch, aber auch angemessen verpackt und auch zum richtigen Zeitpunkt angebracht werden. Für Spielchen bleibt Ihnen besonders am Anfang nicht viel Zeit. Wenn Sie die notwendigen Praktiken erlernen wollen, dann tun Sie dies immer Schritt für Schritt und verbinden Sie jede neue Errungenschaft mit dem bereits Gelernten. Dies wir Ihnen helfen den Überblick zu behalten und eine Diskussion mehr und mehr auf Ihre Seite zu manövrieren, ohne, dass es Ihr Gegenüber bemerken wird.

Körpersprache: Auch wenn die Argumentation von Worten lebt, so sind Mimik und Gestik essentiell für eine gute und gewichtige Diskussion. Beachten Sie, dass Sie eine aufrechte Körperhaltung annehmen, die dennoch entspannt und locker wirkt. Je verkrampfter Sie der Situation gegenüberstehen umso schwerer wird es für Sie werden zu handeln. Irritieren Sie Ihren Gesprächspartner schon jetzt mit direktem Blickkontakt. Schauen Sie ihm immer genau in die Augen und vermeiden Sie das Verlassen dieses Kreises. Allein ein anhaltender Blickkontakt gibt Ihnen die Möglichkeit Zeit zu gewinnen, um Argumente zu bilden oder auch den Gegner zu verwirren. Wer sich andauernd beobachtet fühlt, wird Unsicherheiten entwickeln, die Ihnen von Vorteil sein können. Lernen Sie aber auch mit den Blicken der anderen umzugehen und sie zu ertragen ohne dabei ein unangenehmes Gefühl zu entwickeln, das wiederum Sie dann verunsichern könnte.

Kommunikationsregeln

Auch wenn diese selbstverständlich erscheinen und in der Hitze der Diskussion die Unterbrechung des aktuellen Redners nicht ungewöhnlich ist, sollten Sie diese in jedem Falle immer respektieren und einhalten. Sollten Ihnen dann noch rhetorische Fehler unterlaufen, können Sie jederzeit darauf hinweisen, dass Sie zumindest der allgemeinen Regeln mächtig sind und den nötigen Respekt waren. Weiterhin ist dies eine Grundlage das Gegenüber zu provozieren oder auch zu verunsichern. Lassen Sie immer jeden ausreden und geben Sie erst dann Ihr Gegenargument. Wenn Sie jemanden provozieren möchten und Sie verletzen damit die Kommunikationsregeln, dann haben Sie gleichsam Ihren Stand in dieser Diskussion verändert und eine ungünstigere Position für sich geschaffen.

Lesen bildet

Ein umfangreicher Sprachschatz, aber auch ein großes Repertoire an allgemeinen Sprüchen und Floskeln kann Ihnen immer wieder aus misslichen Lagen helfen. Besonders, wenn Sie sehr schnell auf eine Situation reagieren müssen, was unweigerlich nötig ist, wenn Sie schlagfertig sein wollen, kann Ihnen ein allgemeiner Spruch etwas Zeit verschaffen und die notwendige Schnelligkeit ermöglichen. Wichtig ist, dass Sie nicht immer auf dieselbe Auswahl zurückgreifen und dass Ihre Literaturauswahl ein großes Spektrum umfasst. Sachbücher sind ebenso wertvoll wie jede andere Trivialliteratur. Denn gerade in einfachen Bücher können Sie die ersten Grundsteine für eine sichere Argumentation legen, in dem dort Situation bereits durchgespielt werden und Konflikte so zu einer Lösung kommen. Durch die unterschiedlichen Personen, die in den Büchern die Handlung vorantreiben, lernen Sie immer wieder neue Art und Weisen der Reaktion kennen und werden schnell mitbekommen, wie auch Sie reagieren würden. Ordnen Sie auf diese Weise Ihren eigenen Kommunikationstyp ein und passen Sie Ihre Argumente darauf an. Wenn Sie zu sich selbst stehen und ehrlich mit sich selbst sind, dann werden Sie nicht in die Verlegenheit kommen, dass Ihnen grobe Fehler unterlaufen oder Ihre Argumentation mehr einstudiert und aufgesetzt, als selbstbewusst und überzeugt wirkt.

Wortwitze

Auch wenn Sie diese oft aus Büchern kennenlernen werden, so sind diese auch immer wieder im Alltag anzutreffen. Achten Sie immer darauf, dass ein Wortwitz den Moment nutzt in dem er entsteht. Nutzen Sie das Überraschungsmoment und achten Sie gleichzeitig darauf, dass er nicht unangebracht ist. Mit diesem kleinen Hilfsmittel verdeutlichen Sie, dass Sie sich und auch der Situation kritisch gegenüberstehen, aber Sie sich auch nicht allzu ernst nehmen. Beachten Sie, dass der Sinn des Witzes auch immer zur Situation passt und nicht aus dem Kontext herausgelöst ist. Sie werden diese Witze meist sehr intuitiv verwenden. Daher nützt es Ihnen gar nichts, wenn Sie kesse Sprüche einstudieren, die Sie dann krampfhaft verwenden möchten. Damit werden Sie nur wenig Erfolg haben.

Trauen Sie sich etwas

Wenn Sie schlagfertiger werden wollen, dann müssen Sie das auch testen. Wichtig ist es dabei, dass Sie dies vielleicht nicht unbedingt sofort vor dem Chef oder den Kollegen machen. Nutzen Sie ganz alltägliche Situationen, die Ihnen die Möglichkeit bieten einen Konter einzusetzen. Beobachten Sie die Reaktionen und lernen Sie daraus. Am besten ist es, wenn Sie immer wieder mit einer Person üben, die Ihnen vertraut ist und auf deren objektive Meinung Sie zählen können. Lassen Sie sich offen und ehrlich sagen in welchen Bereichen oder mit welchen Reaktionen Sie übertrieben haben oder, wo Sie zu weit gegangen sind. Sehen Sie diese Art der Übung als Chance. Wenn Sie sich direkt in die Konfrontation stürzen, dann können Sie sich viele Chancen kaputt machen und sich unseriös machen.

Schnelligkeit siegt

Wenn Sie üben, dann üben Sie auch die schnelle Reaktion auf gewisse Thesen oder Argumente. Da das Überraschungsmoment immer noch das Beste ist, müssen Sie allerdings auch lernen, dass Sie richtig reagieren und auch richtig argumentieren, wenn es schnell gehen muss. Dazu gehört unter anderem auch, dass Ihre Antwort zum Thema passt. Denn einfach irgendetwas sagen, ist nicht Sinn und Zweck der Schnelligkeit und wird Ihnen auch nicht den nötigen Respekt verschaffen.

Talk, Talk, Talk

Alle Grundfähigkeiten können Sie auch im Selbststudium erlernen. Es werden täglich ausreichend Talkshows gesendet, die Ihnen eine Grundlage bieten können. Suchen Sie sich zu Beginn Themen aus mit denen Sie bereits vertraut sind und wo Sie über ein großes Wissen verfügen. Steigen Sie vor dem Fernseher in die Diskussion mit ein. Im besten Falle haben Sie jemanden neben sich sitzen, der dann Ihr Argument aufgreift und Sie dann eine Diskussion führen können. Im Nachgang können Sie ihr Verhalten analysieren und oder auch analysieren lassen und aus gemachten Fehlern lernen. Wenn Sie sich in der Anwendung der Techniken und Praktiken wohlfühlen, dann können Sie sich an eine Diskussion wagen, deren Thema Sie nicht allzu mächtig sind. Versuchen Sie aus Ihrer eigenen Meinung heraus zu argumentieren und dennoch sachlich zu bleiben, wenn Sie meinen, dass Sie sich unsicher fühlen.

5. Kapitel: Taktiken des Argumentierens

Im Grunde genommen müssen Sie darauf achten, dass Sie sich nie selbst unter Druck setzen oder unter Druck setzen lassen. Wenn Sie entspannt in die Situation gehen, dann wird Ihnen auch die richtige Antwort einfallen.

Je angespannter Sie sind, desto größer ist die Gefahr, dass Ihnen die passende Antwort erst im Nachgang einfällt. Dann ist die Diskussion aber bereits zu Ende oder hat Ihren Lauf genommen, womit Sie nichts mehr beeinflussen können.

Rückfragen

Sie werden angegriffen und dies in einer sehr persönlichen Angelegenheit. Besonders, wenn es um Fähigkeiten oder Äußerlichkeiten geht, dann kann Sie das sehr schnell verunsichern. Drehen Sie den Spieß um und machen Sie sich die Reaktion zu Nutze. Wenn Sie jemand darauf anspricht, dass Sie wohl kein erholsames Wochenende hatten, weil Sie noch zerstörter aussehen als vor dem Wochenende, dann reagieren Sie doch einfach mal so: Fragen Sie, ob es der Person auch nicht besser erging als Ihnen, denn das blühende Leben steht nicht vor Ihnen.

Sie werden sehen, dass diese Reaktion des Gegenübers nicht sehr kampflustig ausfallen wird. Denn keiner hat damit gerechnet, dass Sie zu einem eventuellen oder vermeintlichen Makel einfach so stehen werden. Fühlen Sie sich aber auch im Nachhinein nicht beleidigt. Manchmal möchte jemand nur krampfhaft lustig sein.

Umkehrung

Sie greift jemand an? Dann geben Sie ihm keinen Anlass weiter anzugreifen, sondern machen Sie ihm klar, dass er der alleinige Grund dafür ist. Wenn jemand der Meinung ist, dass es nur eine Möglichkeit gibt etwas zu beseitigen, was wohl eine drastische Maßnahme nach sich zieht, dann reagieren Sie folgendermaßen: Wenn ich die Person wäre, dann würde ich es mir gefallen lassen, dass ich Ihnen entkomme.

Damit hätte wohl der Gegner nicht gerechnet. Dass er der Grund sein könnte, war wohl nicht sein erster Gedanke. Diese Worte treffen in der Regel sehr tief und regen zum Nachdenken an.

Zustimmung

Wenn Ihnen jemand ein Argument nach dem anderen liefert und krampfhaft Recht haben möchte, dann geben Sie ihm einfach recht. Vielleicht wollte er gern um seine Meinung kämpfen, aber in manchen Fällen ist einfach unnötig. Oder auch, wenn Sie wissen, dass Ihnen jemand eine Meinung offerieren will von der Sie nicht begeistert sind, dann geben Sie einfach erstmal Recht. Entschärfen Sie die Situation damit und bringen Sie dann situative Gegenargumente. Setzen Sie sich mit der Durchführung auseinander und zeigen Sie auf, was alles auf denjenigen zukommen kann oder wird. Mitunter ändert sich seine Meinung ganz schnell von selbst, ohne, dass eine große Diskussion von Nöten ist.

Übersetzung

Interpretieren Sie ein fremdes Argument zu Ihrem Vorteil. Wenn Sie damit beleidigt werden sollten, dann eignet sich diese Methode noch besser, weil Sie dem Angreifer direkt den Wind aus den Segeln nehmen werden. Sie werden als Arschkriecher des Chefs bezeichnet, der ja alles dem Chef recht machen will? Dann reagieren Sie doch einfach mal so: Mit einem Hauch Selbstironie. Wenn der Chef Ihre Anwesenheit so schätzt, dass er Sie offensichtlich sogar in seinem Hinterteil wohnen lassen würde, dann können Sie wohl nicht so bedeutungslos sein. Die Frage stellt sich nur, warum andere dieses Privileg nicht genießen.

Ärgern Sie sich nicht über solche Anfeindungen. Es wird immer wieder Neider geben oder auch Menschen, die sich ungerecht behandelt fühlen und Sie mit diesen Thesen aus dem Konzept bringen möchten. Sehen Sie es witziger als es scheint. Wenn Sie mit sich im Reinen sind und vor allem, wenn Sie über Ihre eigenen Witze lachen können, dann sind Sie weniger angreifbar und ein ernst zu nehmender Gegner.

Ausweichen

Auch wenn dies nicht die Taktik der ersten Wahl ist, so können Sie unpassende Kommentare oder das Ablenken von der eigentlichen Situation damit unterbinden. Gehen Sie gar nicht erst auf Argumente oder Behauptungen ein, die nicht ins Gespräch passen und auch nicht förderlich für die Lösung einer Situation sind. Sie werden feststellen, dass der Gegner damit sehr schnell aus der Diskussion gedrängt wird. Entweder wird er das Gespräch daraufhin verlassen oder aber er wird zunehmend von allen anderen Gesprächsteilnehmern ignoriert und ausgeschlossen werden, was die Situation und die Diskussion einfacher werden lässt.

Bedenken Sie, dass Sie in jedem dieser taktischen Maßnahmen immer die Kommunikationsregeln beachten und sich selbst möglichst korrekt verhalten. Es wird Ihnen sehr behilflich sein bei der Durchsetzung Ihres Anliegens und der Behauptung Ihrer Persönlichkeit.

6. Kapitel: Was tun, wenn die Situation ausweglos erscheint?

Keine Sorge. Jede Situation kann gerettet werden. In der Regel scheint eine Situation dann ausweglos, wenn Sie den richtigen Zeitpunkt verpasst haben zu reagieren. Entweder waren Sie nicht schnell genug oder Ihnen haben einfach die Worte gefehlt?

Mit ein paar Methoden können Sie sich schnell und sicher aus dieser Ausweglosigkeit holen und vor allem nicht den Mut verlieren sich immer wieder aufs Neue zu beweisen.

Nichts persönlich nehmen – Denn auch dann, wenn Sie direkt angegriffen wurden sind, dann ist dies in den meisten Fällen aus der Situation heraus entstanden. Wenn Sie in eine Diskussion geraten, dann liegt dem immer eine Situation zu Grunde, die besonders im Beruf mehr den Wettbewerb verfolgt als persönliche Interessen oder Ansichten. Karriereoptimiert wird dann gedacht und vor allem gehandelt. Persönliche Belange, Bedürfnisse oder auch Grenzen werden oftmals ausgeblendet oder gar nicht beachtet. Daher sollten Sie dies auch erkennen und manche Worte nicht auf die Goldwaage legen. Dennoch empfiehlt es sich, dass Sie zwar nicht nachtragend sind, aber zur passenden Situation noch einmal darauf hinweisen, dass Sachlichkeit nicht von Beleidigungen lebt.

Legen Sie Pausen ein

Ihnen sind die Worte verloren gegangen oder Sie wollten etwas sagen, aber mussten kurzfristig feststellen, dass dies nicht mehr sinnvoll in die Diskussion passt? Dann fordern Sie Ihren Gegner auf seine Darlegungen noch einmal zu vertiefen und genauer zu erklären. In dieser Zeit gewinnen Sie wieder Zeit um sich noch einmal richtig zu orientieren und vor allem auch das richtige Gegenargument zu wählen. Allerdings sollten Sie diese Maßnahme nicht allzu oft verwenden, weil es dann für andere Diskussionsteilnehmer ersichtlich wird, dass Ihre rhetorische und schlagfertige Art und noch sehr viele Schwachstellen aufweist. Das könnte sich sehr negativ auf Sie auswirken.

Charme und Selbstironie

Ihnen ist ein Fehler unterlaufen oder Sie haben eine offensichtliche Chance zum Kontern nicht genutzt? Verdeutlichen Sie, dass Sie sich und auch vieles anderes Leben nicht so bitter ernst nehmen, allerdings ohne dabei die Ernsthaftigkeit der Situation im Allgemeinen zu trivialisieren. Außerdem werden Sie lernen, dass Selbstironie immer wieder eine willkommene Fähigkeit ist um kleine Fehler oder auch Unsicherheiten für den ersten Moment zu überdecken.

Dramatisieren

Dies wird besonders dann notwendig sein, wenn Ihre Arbeit anderer Meinung nach nicht schnell genug umgesetzt wurde. Setzen Sie der dummen Frage, ob das nicht schon eher hätte fertig sein können einfach mal Folgendes entgegen: Was denn, soll ist Schnellschussverfahren betreiben oder was? Führen Sie die Forderung Ihres Gegenübers ins Extreme ab und achten Sie dennoch dabei auf Ihren Tonfall und vor allem auf Ihr Auftreten. Lassen Sie alles was Sie sagen sehr ernst wirken und geben Sie auf keinen Fall Anlass dazu, dass es Ihnen als überreizte Reaktion ausgelegt werden könnte.

Neutralisation

Je persönlicher Argumente werden, desto schneller kann eine Diskussion entgleisen. Nutzen Sie Ihre Abgeklärtheit und führen Sie die Diskussion wieder in die Sachebene zurück. Damit können Sie Neidern oder auch anderen, die Ihnen Schaden wollen keine Grundlage geben Sie zu beeinflussen. Konzentrieren Sie sich nur auf die eigentliche Sache und lassen Sie alle anderen Argumente einfach an sich abprallen.

Schweigen

Nichts verunsichert einen Redegegner mehr als Schweigen. Er wird sich wahrscheinlich nicht trauen Sie zu fragen, ob Sie nun zugehört haben oder was Ihre Meinung ist. Schweigen Sie einfach und geben Sie der Zeit die Chance zu wirken. Manchmal werden dadurch Argumente durchdacht, die dann für Sie einfacher aufzugreifen sind. Schaffen Sie sich dadurch eine Möglichkeit sich zu beweisen ohne, dass Sie einen unbedachten Fehler machen.

7. Kapitel: Das Mittel der letzten Wahl – Eristik

Manche Diskussionen sind einfach nicht fair und auch wenn Sie sich fair verhalten, dann können Sie nur verlieren, selbst wenn die Sachlage mehr als klar ist. Ursachen sind dabei wertlose Argumente, die immer wieder diskutiert werden oder auch unfaire Redner, die sich aller Kommunikationsregeln entledigt haben.

Mit Eristik können Sie sich auch dieser Mittel bedienen, allerdings auf einer weit niveauvolleren Ebene. Besonders Außenstehende werden Ihre Fähigkeiten erkennen und diese entsprechend anerkennen. Bringen Sie Ihren oder Ihre Gegner auf und machen Sie sie damit unfähig die Diskussion weiterzuführen.

Bedienen Sie sich der folgenden Mittel, aber achten Sie immer darauf, dass Sie diese dosiert und in einer logischen Abfolge einsetzen. Vermeiden Sie das Beschießen des Gegners mit unterschiedlichen Mitteln auf einmal und wirken Sie bei diesen Handlungen immer ausgesprochen intuitiv.

Falsche Schlussfolgerungen

Nutzen Sie eine These des Gegners und interpretieren Sie diese absichtlich falsch. Wenn er immer wieder neu ansetzen muss und seinen Standpunkt immer wieder darlegen muss, dann werden ihm nicht nur Fehler unterlaufen, sondern er wird auch seine Ausdauer verlieren.

Wütend machen

Ignorieren Sie Ihn oder widersprechen Sie einfach allem, was er sagt. Es wird ihn aufbringen und ihm die Lust an der Diskussion nehmen. Im besten Falle wird er die komplette Diskussion einfach abbrechen und eventuell auch das Ergebnis offenlassen. Eigene Ansichten: Dies kann aber nur dann funktionieren, wenn Sie sich auch gut auf den Gegner einlassen. Hören Sie sehr genau seinen Argumenten und Darlegungen zu. Wiederholen Sie seine Ausführungen sehr umfangreich und halten Sie Ihre Ansicht kurz und konkret formuliert dagegen. Sie werden bemerken, dass ihr Gegner sich davon verunsichern lässt. Denn es gelingt ihm scheinbar nicht, dass er seine Anliegen ähnlich wie Sie konkretisieren kann.

Alte Argumente und Aussagen wieder aufgreifen: Sie führen eine Diskussion, die schon oft Gegenstand der Unterhaltungen war. Dann sollten Sie in der Vergangenheit gut zugehört haben. Dann kann es Ihnen gelingen, dass Sie eine Unstimmigkeit entdecken. Hat sich Ihr Gegner schon einmal darüber geäußert, aber eine komplett andere Meinung vertreten? Dann nutzen Sie die Gunst der Stunde und führen Sie das an. Er wird Ihnen erst einmal seinen Sinneswandel erklären müssen.

Schrittweises Widerlegen

Ihr Gegner hat eine große Ansicht, dann versuchen Sie die Diskussion aufzuspalten und einen Punkt zu finden, in dem er seiner Meinung widerspricht. Lassen Sie ihn alle seine Ausführungen anbringen und dann greifen Sie am Schluss zu. Er wird überrascht sein, dass seine sichere Argumentation Widersprüche in sich birgt.

Scheinbare Zustimmung

Achten Sie in diesem Falle darauf, dass dies mehr durch indirekte Gesten passiert. Halten Sie Augenkontakt, nicken Sie kurz oder lassen Sie Ihren Gegner erst einmal ausreden. Geben Sie ihm das Gefühl, dass Sie alles befürworten, was er Ihnen zu sagen hat. Dann packen Sie die Gelegenheit beim Schopf und beginnen alle seine Thesen zu widerlegen. Seien Sie überrascht, was passiert.

Praxis gegen Theorie

Wenn sich eine These sehr hartnäckig diskutieren lässt, dann hilft es oft, wenn Sie die Anwendung in der Praxis genauer beleuchten und Sonderfälle und andere Probleme ansprechen, die sich dann bei der Ausführung ergeben. Viele Theoretiker können sich so von ihrer Ansicht abbringen lassen und Sie können die Chance für sich nutzen.

Die zwei Extreme

Irritieren Sie Ihr Gegenüber. Entweder Schweigen Sie oder reden Sie ihn in Grund und Boden. Beide Extreme haben Ihre eigene Wirkung und können Ihnen sehr von Nutzen sein, wenn Sie sich behaupten möchten.

Wofür auch immer Sie sich entscheiden werden, achten Sie stets darauf, dass man all diese Fähigkeiten erlernen und auch kontrollieren kann. Selbst wenn Sie ein sehr impulsiver Mensch sind, ist es ratsam, dass Sie das schlagfertig sein lernen. Denn auch Sie könnten damit einen Menschen verletzen oder ihm zu nahekommen. Wenn Sie allerdings die richtige Mischung aus Wortgewandtheit, schlagfertig sein, Takt und Feingefühl gefunden haben, werden Sie erkennen, dass jede Diskussion für Sie zu meistern ist und sich viele Probleme einfacher gestalten werden als sie auf den ersten Blick scheinen. Gewinnen Sie Selbstbewusstsein und mehr Vertrauen in sich selbst, denn es ist kein Hexenwerk.

Schlusswort

Abschließend möchte Ich mich noch einmal von ganzem Herzen bei Ihnen bedanken.

Mit dem Erwerb dieses Ratgebers haben Sie mir gezeigt, dass Sie Vertrauen in mich, meine Erfahrungen und meine Arbeit gesetzt haben.

All das Wissen habe Ich mir über die Jahr mühsam angeeignet und versuche dieses nun so gut und verständlich wie möglich Ihnen mit auf den Weg zu geben. Ich hoffe Ich kann Sie damit auf Ihrem Lebensweg unterstützen!

Ich hoffe, dass Sie einiges aus diesem, bewusst kurz gehaltenen Ratgeber, der alles knackig auf den Punkt bringen sollte, mitnehmen konnten und mit den Inhalten, Tipps und Trick positive Veränderungen erzielen können.

Über ein Feedback Ihrerseits, mittels einer Bewertung auf Amazon, würde ich mich sehr freuen und es sehr schätzen!

Ich wünsche Ihnen für Ihre Zukunft alles erdenklich Gute und hoffe Sie auch weiter auf Ihrem Weg, mit meinen Erfahrungen und Tipps, unterstützen zu dürfen.

Herzlich grüßt,

Adrian Engel

Bonus-Kapitel:

Um meine Dankbarkeit noch ein bisschen mehr zum Ausdruck zu bringen möchte ich Dir hier einen kleinen Ausschnitt aus meinem Buch: **NLP** (Neurolinguistisches Programmieren) kostenlos schenken. Den Link zum Buch findest Du auch nach diesem Kapitel unter den Büchern des Autors. Viel Spaß!

Die Methoden des NLP

Für alle, die ihr Leben verbessern wollen und bisher nicht den Grund gefunden haben, woran das eine oder andere Scheitern liegt, sind im inneren Werkzeugkoffer zahlreiche Methoden bereitgestellt worden, von denen nur einige in diesem Ratgeber vorgestellt werden können. Da es kein einheitliches Grundkonzept gibt, liegen die Schwerpunkte auf unterschiedlichen Anwendungsformen.

Unten sind Techniken aus dem Gesamtangebot als Beispiele ausgewählt, die als geeignet gesehen werden, eine positive und effektive Kommunikation zwischen Gesprächspartnern zu ermöglichen. Diese positive und konstruktive Kommunikation bringt den Nutzer in allen Lebensbereichen auf den Erfolgskurs. Ob es um das Verkaufen geht oder um die Überzeugung politischer Widersacher, wer seine eigenen dunklen Seiten ausgeleuchtet hat, dem stehen keine Blockaden mehr im Weg. Durch kontinuierliche Forschung und Entwicklung bis in die Gegenwart hinein ist ein Überblick über das gesamte Spektrum an Methoden und Techniken nahezu unmöglich. Die unten vorgestellten Methoden sind leicht zu erlernen und wirken schnell und effektiv dabei, das individuelle Leben zu verbessern.

Pacing and leading

Pacing and leading bedeutet „Spiegeln und Führen". Damit ist gemeint, dass durch das Spiegeln zuerst eine Basis der Sympathie und des Vertrauens geschaffen werden soll, die dann das Führen erleichtert.

Wie genau funktioniert diese Technik?

Der erste Bestandteil ist das Spiegeln. In vielen Wissenschaften, die sich mit dem Menschen befassen, geht man davon aus, dass ein Mensch durch das Spiegeln seines Gegenübers in der kommunikativen Situation seine Sympathie für ihn bekundet. Diese Sympathie führt zu Vertrauen beim Gesprächspartner. Damit ist er für das geöffnet, was er hört. In der konkreten Situation wird also der Partner genau wahrgenommen. Tonfall und Lautstärke werden ebenso aufmerksam studiert wie etwa Mimik und Körpersprache. Eine kleine Verhaltensveränderung führt nun dazu, dass man das Spiegelbild seines Gesprächspartners wird. Passt sich der Trainer dem Gesprächspartner an, darf das keinesfalls plump oder kopierend wirken. Schon kleine Details genügen und weniger ist beim Pacing immer und in jedem Fall mehr. Der Anwender wird beispielsweise darauf achten, dasselbe Getränk zu wählen wie der Partner, die Sitzhaltung auf ihn abstimmen und sich auf sein Sprechtempo einstellen. So gewinnt er das Vertrauen des Partners und kann in den Leadingmodus wechseln.

Hier werden spezielle Kommunkationsformen wie die Suggestivfrage eingesetzt, um Zustimmung zu erlangen. Pacing und Leading findet vor allem in Verkaufs- und Beratungsgesprächen ihre Anwendung, wenn es darum geht, den Gesprächspartner zu einem bestimmten Ziel zu bewegen.

Ein Beispiel aus der Praxis verdeutlicht den hohen Wert von Pacing and leading.

Eine spezielle Situation, die den meisten Menschen geläufig ist, ist das Gespräch zwischen einem Erwachsenen und einem Kind von etwa sechs Jahren. Nehmen wir an, dass Kind soll dazu bewegt werden, sein Zimmer in Ordnung zu bringen. Im Gespräch wird der Erwachsene zuerst Pacing anwenden. Er wird entweder das Kind auf seine Höhe bringen oder umgekehrt. Damit spiegelt er mittels Körpergröße und stellt Homogenität her. Als nächstes wird er vielleicht mit dem Kind gemeinsam Kekse essen, die dem Geschmack des Kindes entsprechen. Aus dieser Homogenität heraus kann das Kind überzeugt werden, dass das Ziel des Erwachsenen – Ordnung im Kinderzimmer – von einem sympathischen, gleichgestellten Individuum gefordert wird. Der Erfolg ist somit leichter zu erreichen als mit einem autoritären Befehl. Es darf nicht verschwiegen werden, dass ein Anwender, der Pacing and leading besonders gut beherrscht, in der Lage ist, den Unkundigen relativ leicht und effektiv zu manipulieren. Sehr gute Beispiele dafür sind Verkaufsgespräche oder Beratungen, die den Kunden von einer Handlung oder einem Produkt überzeugen sollen, dass er aus eigenem Antrieb nicht gewählt hätte.

Pacing und leading lässt sich wie folgt zusammenfassen:

· Pacing and leading dient der Erreichung des Ziels des Trainers, das mit dem Kleinsten vereinbart wurde.
· Pacing, also Spiegeln geschieht dezent
· Leading wird mittels spezieller „weicher" Wortwahl erreicht, zum Beispiel:
„Wir sollten...", „Sie können natürlich selbst entscheiden, aber überdenken Sie die Vorteile... "

Um sich dem Pacing and leading in seinem eigenen Verhalten anzunähern, ist die Wahrnehmung der Umgebung von großer Bedeutung. Erste Pacing-Versuche kann jeder Mensch in seiner Umgebung unternehmen.

Refreaming

Unter Refreaming wird im Neuro-Linguistischen Programmieren die Technik verstanden, ein Ereignis in einen anderen, neuen Kontext zu stellen. Der Mensch reagiert in der Regel auf eine Situation, die er als Ganzes begreift.

Nehmen wir das Beispiel des Arbeitsplatzverlustes. Als Kontext spielen hier die wirtschaftlichen Einschränkungen und der Verlust der Tätigkeit eine Rolle. Eventuell könnte zum Kontext auch die Umgebung gehören, in der der Arbeitssuchende mit Schamgefühlen agiert, weil er sich gescheitert fühlt.

Ein anderer Kontext könnte den Wert der freien Zeit einbeziehen. Sieht der Betreffende jetzt die Möglichkeit, sich mehr um Familie und Freunde oder um seine Weiterbildung zu kümmern, verliert der Verlust des Arbeitsplatzes seinen negativen Kontext und kann als weniger belastend empfunden werden.

Refreaming wird immer dann eingesetzt, wenn belastende Gefühle den emotionalen Grundtonus beeinträchtigen. So wird eine positive Grundstimmung erzeugt, die die belastende Situation oder die Problemstellung aus einer besseren emotionalen Ausgangslage heraus bewältigen lassen.

Um die Technik Refreaming zusammenzufassen, sind zwei Aspekte wichtig:

· Refreaming wird angewendet, um belastende Gefühle auf eine positivere Stufe zu heben.
· Refreaming bedeutet, die belastende Situation oder Erfahrung in einem neuen Zusammenhang neu zu bewerten.

Um Refreaming zu trainieren kann der Betroffene die belastende Situation aufschreiben und Vorteile suchen, die mit der Situation einhergehen. Wenn das Augenmerk dann auf die Vorteile gelenkt wird, beispielsweise durch entsprechende Vorhaben oder Entscheidungen, kann sich die positive Emotionalität durchsetzen und der Anwender kann optimistisch an die Lösung seines Problems herangehen.

Weiter Bücher des Autors:

Selbsthypnose meistern: Erlerne die geheimen Techniken der Gedankenkontrolle   durch Meditation und Achtsamkeit

Selbstbewusstsein stärken: Entfalten Sie ihr wahres Potenzial und entwickeln Sie unerschütterliches Selbstvertrauen

Der Charisma Mythos: Entdecken Sie das Geheimnis natürlicher Ausstrahlung und entwickeln Sie magnetische Anziehung

Selbstliebe: Erlernen Sie bedingungslose Selbstliebe und erlangen Sie inneren Frieden

Smalltalk: Smalltalk Training: Meistern Sie die Kunst des Smalltalks und entwickeln Sie sich zu einem menschlichen Magneten

Achtsamkeit: Entdecke die Kraft der Gegenwart und erlange innere Stärke durch Konzentration und Gelassenheit

NLP: Meistere die Sprache des Unterbewusstseins zur Veränderung Deiner Glaubenssätze

Chakren: Erlernen Sie das Öffnen und Stabilisieren der 7 Chakren und entfesseln Sie ungeahnte Energien

Hellsehen: Ergründen Sie die geheimnisvolle Macht des dritten Auges

Produktivität: Erlernen Sie die Kunst der stressfreien Produktivität und eliminieren Sie den inneren Schweinehund

Rechtliches und Impressum:

Ich bin stets bemüht, alle Informationen und Angaben in diesem Buch korrekt und auf dem neusten Stand zu halten. Leider ist es trotzdem nie vollkommen ausgeschlossen, dass Fehler und Unklarheiten entstehen. Aus diesem Grund übernehme Ich keine Gewähr für Aktualität, Richtigkeit, Qualität und Vollständigkeit dieses Werkes. Für Schäden die durch die (Nicht-) Nutzung dieser Informationen, sowohl mittel- als auch unmittelbar entstehen, hafte Ich nicht. Für Hinweise auf Fehler und Unklarheiten wäre Ich Ihnen sehr dankbar!

Adrian Engel wird vertreten durch:
Daniel Karnatz
Tiefer Weg 22
01689 Weinböhla
karnatzdaniel@gmail.com